Ida Hahn-Hahn

**Ben-David : ein Phantasiegemälde von Ernest Renan**

Ida Hahn-Hahn

**Ben-David : ein Phantasiegemälde von Ernest Renan**

ISBN/EAN: 9783744601948

Hergestellt in Europa, USA, Kanada, Australien, Japan

Cover: Foto ©Thomas Meinert / pixelio.de

Weitere Bücher finden Sie auf **www.hansebooks.com**

ein Phantasiegemälde von Ernest Renan.

Dargestellt

von

Ida Gräfin Hahn-Hahn.

Mainz,
Verlag von Franz Kirchheim.
1864.

Mainz, Druck von Florian Kupferberg.

„Lasset die Todten ihre Todten begraben¹)!" Dies Wort des göttlichen Heilandes klingt mir immer durch die Seele, wenn ich von Schriften der Neuzeit höre, die sich bemühen, Dasjenige zu leugnen, worauf das Leben der Menschheit beruht — die Menschwerdung Gottes zur Erlösung der Welt. Ich habe in früheren Jahren so manche Schriften der Art gelesen, daß ich etwas blasirt über sie bin. Anfangend bei dem „Wahren Propheten von Nazareth" von Feßler — einem romanhaften Werk, welches der jetzigen Generation nicht einmal dem Namen nach bekannt ist — habe ich mich durch die weitschichtige Literatur des gefallenen Geistes, der das Licht haßt, weil es ihm seinen Sturz in den Abgrund enthüllt, tapfer durchgeschlagen, und den brutalen Atheismus englischer Schriftsteller, den frech-frivolen der französischen, den quasi-gelehrten der deutschen bis auf Strauß, Feuerbach und Bruno Bauer gründlich genossen. Welchen un-

---

1) Luc. 9, 60.

aussprechlichen Durst nach absoluter Wahrheit diese Schriften in mir nicht befriedigten, sondern mehr und mehr weckten — welch ein gräßliches Ungenügen sie dem Geist gewährten, indem sie ihn unter den verschiedensten Formen und durch die verschiedensten Systeme fort und fort nur darauf anwiesen, bei sich selbst, als dem Mittelpunkt des Universums, anzufangen, um die Lösung der ewigen Fragen, nach welcher er verlangt, durch sich selbst zu entdecken: — das drückt sich wohl am Einfachsten dadurch aus, daß ich an einem gottgesegneten Tage alle diese Schriften bei Seite legte und zu einer andern griff, die eben so gering an Umfang, als groß und erhaben an Inhalt ist: zum Katechismus. In Folge davon führte mich Gottes Gnade in die katholische Kirche zurück. Da fand mein unruhiger Geist seine Ruhe; denn weil er, wie überhaupt der menschliche Geist, auf die Frage gestellt ist, so muß er eine Antwort bekommen können, die von Demjenigen ausgeht, welcher ihm den Fragedurst eingeschaffen hat. Die Kirche aber gibt diese Antwort, denn sie ist die Bewahrerin der „Worte des ewigen Lebens[1],"

---

1) Joh. 6, 69.

indem Christus zu seinen Aposteln sprach: "Lehret alle Völker Das halten, was ich euch geboten habe[1]." Worte des ewigen Lebens aber haben selbstverständlich eine unermeßliche Fülle, eine unerschöpfliche Tiefe, einen unzerstörbaren Kern, einen unversiegbaren Quell; und deßhalb entsprechen und genügen sie — und nur sie! dem Bedürfniß des menschlichen Geistes, der sich nur dann im Gleichgewicht fühlt, wenn ihm zugleich Ruhe und Bewegung, Freiheit und Abhängigkeit, Durst und Befriedigung gegönnt wird. Das Urwort dieser Worte des ewigen Lebens aber, die Grundlehre des Christenthums ist: die Erlösung der Welt durch die Menschwerdung Gottes in Christus. Darin ist das Opfer und die Genugthuung auf der Seite Gottes; darin die Entsündigung und die Heiligung auf der Seite des Menschen; darin jene unerläßliche Bedingung zum Gleichgewicht des menschlichen Geistes enthalten. Die höchsten Ideen sind ihm nun nicht mehr zu hoch, die höchsten Ideale sind ihm nun erreichbar — aber um den Preis demüthig liebender Anerkennung jener Grundlehre, von welcher die vorchristliche Welt Ahnung

---

[1] Matth. 28, 20.

und Zerrbild in ihren Götzenopfern hatte, und welche die Axe der christlichen Welt geworden ist und bleiben wird. Wer von ihr sich lossagt, ist ein welkes Blatt, das vom Baum des Lebens in den Staub fällt. Wer in diesem Geist der Lossagung handelt, wirkt, schreibt, lehrt, sammelt den Staub zum Staube und begräbt in diesem Todesstoff den gefallenen Geist, den eigenen und den fremden. Darum: „Lasset die Todten ihre Todten begraben" — dachte ich, wenn ich seit meinem Rücktritt zur katholischen Kirche von Schriften hörte, welche es sich zur Aufgabe machen, diesen Todesstoff zu bearbeiten und zu vermehren — und manches Jahr hielt ich mich fern von dieser traurigen Literatur. Vor ein paar Jahren jedoch nahm ich ein Buch in die Hand, welches von den Vertretern der Aufklärung und des Fortschritts, d. h. von Freimaurern und Juden, als ein Ausbund von Wissenschaft gepriesen — und von ihren kläglichen Nachbetern, den urtheilsunfähigen Halbgebildeten, denn auch richtig pflichtschuldigst als solches angestaunt wurde. Dies Buch heißt „Kraft und Stoff." Ich stand noch mit meiner Erinnerung auf Bruno Bauer's und Feuerbach's nunmehr überwundenem Standpunkt. Sie hatten sich durch ihre Ablösung von der göttlichen Offenbarung in einen fiebernden Fanatismus für den menschlichen Geist gestürzt und wähnten, daß aus ihm die ewigen Ideen hervorgingen, die man Gott, Unsterblichkeit, Erlösung, Tugend ꝛc. nennt. Es war ein furchtbarer Irrthum, der den Menschen mit Gott, das Geschöpf mit dem Schöpfer zu verschmelzen sucht — und ihn, den gebrechlichen, zu seinem eigenen Götzen macht. Es war die Selbstüberhebung bis zu jenem Punkt getrieben, dessen blendende Verlockung die uralte Lüge: „Wie Götter werdet ihr sein¹)" — wohl gekannt hat. Von diesem Fanatismus nun, den Menschen **über** sich selbst erheben zu wollen, ist das Buch „Kraft und Stoff" dermaßen entfernt, daß es sich genau in dem Gegensatz bewegt: es stellt den Menschen **unter** sich selbst herab, es ist von einem förmlichen Wahnwitz der Selbsterniedrigung erfüllt und verschmilzt mit fanatischer Glut Mensch und Thier. Diese Sorte von Fortschritt bergab, welche den Menschen in eine Linie mit dem lieben Vieh stellt, kann man dem Buch nicht absprechen. Ich dachte bei der Lectüre: Könnte ein

---

1) Gen. 3, 5.

Affe schreiben, so würde er ohne Zweifel diese Ansichten über den Menschen und menschliche Dinge zum Besten geben und sich von seinem inferioren Standpunkt aus zu erheben trachten, indem er jene erniedrigt. Und ich meine, dieser Gedanke müsse dem Verfasser höchst angenehm sein, da er daraus entnehmen kann, wie sehr es ihm geglückt ist, für seine Person seine Wahlverwandtschaft zu beurkunden.

Uebrigens ist in dieser Beziehung die Periode des Fortschritts und der Aufklärung in den letzten sechzehn bis zwanzig Jahren eben so reißend als gräßlich abwärts — nicht gegangen, sondern gestürzt. Bei ihrem Anfang ist Mensch und Gott — Eins und Dasselbe. Bei ihrem Ausgang ist Thier und Mensch Eins und Dasselbe. Das sind die Strafgerichte Gottes. — Abermals hatte ich auf ein Paar Jahre genug an dieser Probe von Fortschritts-Literatur. Es versteht sich von selbst, daß gerade deßhalb, weil der Unglaube so frech wie von den Dächern geprediget wird, und so viele Opfer in den Abgrund reißt, auf der anderen Seite das gläubige Christenthum einen starken, frohen Aufschwung genommen und dadurch diesen Widerspruch so gesteigert hat. Das zeigt die katholische Kirche auf dem ganzen Erdball. Sie hat einen Papst, der durch Leiden und Liebe ein wahrer Stellvertreter Jesu Christi unter der Last des Kreuzes ist. Sie hat einen Episkopat, wie ihn seit Jahrhunderten die Welt nicht sah: apostolische Männer in Worten und Werken, bereit zur Nachfolge ihres Herrn und Meisters. Sie hat einen Priesterstand, der für die Seelsorge mit Leib und Leben sich opfert. Sie hat Laien, die in Vereinen und Genossenschaften die Blüten des katholischen Glaubens pflegen, und den heiligen Ordensstand rekrutiren. Sie hat große Gedanken und Bestrebungen für die Wissenschaft, für die Bildung, für die socialen Verhältnisse, für die Erziehung der Jugend, für die Charitas, — für Alles, wodurch der Mensch befähigt wird, selbstständig einen Protest einzulegen gegen die Entchristlichung, die der Unglaube zu verbreiten trachtet und ihr thätig, wirksam, handelnd entgegenzutreten. Die Grundlage, auf der sich dies schöne, mächtige, vielseitige Leben in der Kirche entwickelt, die warme, kräftige Strömung, die all ihre Theile, Haupt und Glieder, verbindend beseelt, ist der lebendige Glaube an Christus, den menschgewordenen Sohn Gottes, den Erlöser, den Richter der Welt, der zu ihr gesprochen hat: „Folge mir nach![1]" —

[1] Matth. 9, 9. Marc. 1, 17. Luc. 9, 59. Joh. 1, 43.

und ihr diese Nachfolge durch sein Blut, seine Gnaden, sein Beispiel, seine Lehren, zu einem unermeßlichen übernatürlichen Schatz vereinigt, möglich macht:

Das ist nun klar: könnte je dieser heilige Glaube, diese lebendige Christusliebe in der Menschheit aufhören, so würde sie, vom Todesstoff überwuchert und erstickt, in einen Zustand der Entsittlichung verfallen, welcher den vorchristlichen weit überträfe; denn die Entsittlichung, die da stattfindet, wo man die Wahrheit nie gekannt hat, sei so brutal sie wolle — dennoch wird sie nie jenes Gepräge fanatischer Niederträchtigkeit tragen, welche dort eintritt, wo man die Wahrheit verleugnet. Es ist ein großer sittlicher Unterschied, ob man schlecht ist, weil man das Gute nicht kennt — oder schlecht, weil man es nicht will. Nun, Christus ist in seiner Kirche bis zum Ende der Zeiten: folglich kann der Glaube an Ihn nicht aufhören. Aber einzelne Unglückliche können ihn verlieren und zwar kann ihre Zahl so massenhaft werden, daß daraus jene grausigen Zustände hervorgehen, welche die französische Revolution von 1789 als Schreckbild von dem, wozu ein entchristlichtes Volk fähig ist, warnend zeigt. Der ungläubige Mensch hat das Eigenthümliche, daß er nirgends Ruh noch Rast hat. Er muß seinen Unglauben aussprechen, mittheilen, Andern beibringen. Er will Genossen haben, Gleichgesinnte. Er verträgt nicht die Ruhe des friedlichen Glaubens. Sein Unfriede drängt ihn, jenen Frieden zu stören, Zweifel zu wecken, arglistige Fragen zu stellen, unter gleißenden Redensarten Zweideutigkeiten und Unwahrheiten auszustreuen, ein ganzes Arsenal in Bereitschaft zu haben — Spott, Lüge, Hohn, falsche sogenannte Wissenschaft, gekünsteltes Staunen über die Unwissenheit des Gläubigen, gekünsteltes Mitleid mit seiner kindlichen Befangenheit, freches Anpreisen des eigenen hohen und tiefen Wissens: all diese Waffen zu brauchen, je nachdem der Mann ist, mit dem er es eben zu thun hat. Dieser Mann ist nun immer in letzter Instanz — die katholische Kirche, denn da sie das Bollwerk jedes Gläubigen ist, so ist sie der Gegner jedes Ungläubigen. Es gibt daher keine einzige böse Leidenschaft, deren Glut dem Haß gleich käme, womit der Ungläubige die katholische Kirche haßt. Vermöge des hohen Aufschwunges, den sie in unseren Tagen genommen, und der himmlischen Begeisterung, welche sie durchleuchtet, wird sie denn auch eben jetzt mit namenlosem

Ingrimm von dem Unglauben gehaßt und tagtäglich sucht er die Waffen seines Arsenals gegen sie in Anwendung zu bringen. Mit dem Gift der Lüge — versteht sich, der geschminkten, aufgeputzten, beflitterten Lüge, wenn er nachhaltig Eindruck machen will — geht er am Liebsten um; und diesem Geist der Lüge ist im vorigen Jahr ein Buch entflossen, das sein Gift in's Herz des Christenthums, auf das heilige Dogma der Menschwerdung Gottes spritzt — wohlberechnend, daß mit dem Christusglauben auch der Glaube an das heilige Dogma von der göttlichen Stiftung der katholischen Kirche zusammenbrechen müßte. Dies Buch ist das Leben Jesu von Ernest Renan, bei dessen Erscheinung im vorigen Jahr die Fortschrittsposaunen der Aufklärung und Freimaurerei in einen fanatischen Jubel verfielen, welcher weiter gar nichts beweist, als die Sternenweite, die diese Menschen vom christlichen Glauben trennt.

Eingedenk meines alten verschollenen „Propheten von Nazareth," den ich vor vierzig Jahren als junges Mädchen in der Bibliothek meines Großvaters höchst gemüthlich — und des Lebens Jesu von Strauß, das ich vor vierundzwanzig Jahren mit einiger Mühe las — eingedenk auch der Jubel-

fanfaren dieſer Partei über die „hohe Wiſſenſchaftlich=
keit," welche, einſt dem „Kraft und Stoff," jetzt
dem Renan'ſchen Werk zu Theil wurden, hatte
ich nicht das mindeſte Intereſſe für dieſe Schrift —
um ſo weniger, als ſie hier, außerhalb des Kreiſes
ihrer Partei in der ſchlechten Preſſe, weder Auf=
ſehen noch Eindruck machte. Kürzlich aber fand ich
die Anzeige, daß, trotz der zahlreichen Ueberſetzungen,
jetzt auch eine ſolche in nächſter Nähe, in Worms
veranſtaltet werde, damit doch allenthalben das Volk
recht leicht zum Hochgenuß dieſes erhabenen Werkes
gelangen könne. Da las ich es denn ſehr aufmerkſam
im Original ſowohl, als in einer deutſchen „Volks=
Ausgabe", die in Berlin erſchienen iſt; und ich las es
natürlich nur in der Abſicht, etwas dagegen zu ſchrei=
ben. Dem Glaubenshaß, der Kirchenfeindlichkeit, der
Empörung gegen die göttliche Offenbarung, ſtehen in
unſeren Tagen ſo viel tauſend Stimmen, ſo viel
tauſend Federn zu Gebot, daß es gewiß nicht über=
flüſſig iſt, wenn ſich auch auf unſerer Seite Stim=
men erheben und Federn regen. Je ſtärker der
Chor, deſto mehr dringt er durch. Es gibt überall
eine gewiſſe Neugier, welche ohne die mindeſte böſe
Abſicht doch gern wiſſen möchte, ob und wodurch

ein vielbesprochenes Buch denn eigentlich so höchst interessant ist. Auch gibt es überall eine gewisse Schüchternheit, welche sich kein eigenes Urtheil zutraut oder erlaubt, wenn irgend eine Person ihres Kreises, die für eine Autorität gilt, oder gar ihre Zeitung! ein günstiges Urtheil abgegeben hat. Endlich gibt es auch überall mehr oder minder ein Protectorat für Alles, was dem Christenthum und dem Glauben feindlich ist. Den beiden ersten Richtungen zu Hülfe zu kommen und die letztere zu bekämpfen, ist aber eine heilige Pflicht für Jeden, der die Schreibfeder führen kann. Ich werde dies ganz kurz und einfach in der Weise zu thun versuchen, daß ich mich auf zwei Punkte beschränke. Zuerst werde ich die Geschichte erzählen, welche Renan unter dem Titel „das Leben Jesu" veröffentlicht hat und ich werde es so viel wie möglich mit seinen eigenen Worten, aber ohne die Verbrämung durch seine Redensarten thun. Und dann werde ich die Gründe angeben, — abermals mit Renan's eigenen Worten — auf welche er sich beruft, um in den Augen seiner Leser glaubwürdig zu erscheinen. Da ich aber nicht Lust habe, den heiligen und gebenedeiten Namen, „vor dem sich alle Knie im Himmel, auf Erden und unter der Erde beugen¹),“ auf den Helden der Renan'schen Erzählung anzuwenden, so werde ich denselben Ben-David nennen. Die Erzählung tritt viel klarer und bestimmter hervor, wenn man sie von der gezwungenen Verbindung mit dem allerheiligsten Namen ablöst, und der Leser wird in den Stand gesetzt, viel leichter die Geschichte Ben-David's zu übersehen und so mit den Nachrichten zu vergleichen, welche uns die heiligen Schriften über unseren göttlichen Erlöser aufbewahrt haben.

## 1.

Ben-David wurde geboren „in Nazareth²),“ einer kleinen Stadt in Galiläa. „Eine Frage nach „seiner Abstammung zu beantworten, ist unmöglich, „da diese Provinz damals eine sehr gemischte Bevölkerung von Phöniziern, Syriern, Arabern hatte. „Sein Vater Joseph und seine Mutter Maria „waren Handwerker.“ Die uralte Verheißung eines Messias lebte fort und fort im jüdischen Volk, be-

---

1) ad Phil. 2.
2) Alles, was sich innerhalb dieser Strichlein „ — “ befindet, ist eine treue Uebersetzung Renan's.

sonders seitdem es unter der Herodianischen Herrscherfamilie die verhaßte Oberhoheit Roms zu tragen hatte. Diese Hoffnung auf einen Erlöser, wenn auch nur im Sinn der Juden, auf einen weltlichen, „bildete sich später durch ein großes freiwilliges „Uebereinkommen zu einer Sage aus, welche dem „Ben=David eine übernatürliche Geburt und einen „Bethlehemitischen Ursprung zuschrieb. Man brachte „ihn in Verbindung mit Johannes dem Täufer, mit „Herodes dem Großen, mit chaldäischen Astrologen, „mit zwei, frommen Greisen Simeon und Anna." — Es versteht sich, daß diese Sagen nicht den mindesten Glauben verdienen, denn „jedes wichtige Ereigniß in der Geschichte veranlaßt eine Reihe von Sagen." Ben=David's Geburt zu Bethlehem und Kaiser Karls des Großen langer Schlaf im Untersberg bei Salzburg sind eben nur poetische Sagen, durch welche ein Volk seine Hoffnungen, seine Wünsche ausspricht.

„Die Familie, mochte sie nun aus einer oder „aus mehreren Ehen hervorgegangen sein, war ziem=„lich zahlreich. Ben=David scheint der Aelteste „gewesen zu sein. Alle seine Brüder und Schwe=„stern sind unbekannt geblieben, denn es scheint,

„daß die vier Persönlichkeiten, welche als seine Brüder
„bezeichnet werden, seine leiblichen Vettern waren."
Hier beginnt die große Rolle, welche die Worte: „es
scheint; es ist zu glauben; vielleicht, möglicher Weise"
— in dieser höchst wissenschaftlichen und gelehrten Er=
zählung spielen. Genug, die namenlosen und unbe=
kannten Brüder und Schwestern Ben=Davids schei=
nen von Renan gekannt zu sein. „Die lachende und
„großartige Natur um Nazareth war Ben=Davids
„Erzieherin." Sie muß aber auch seine Lehrerin ge=
wesen sein, denn „höhere Schulen besuchte er nicht;
„es ist auch wahrscheinlich, daß er griechisch und he=
„bräisch nicht verstanden hat; dennoch wäre es ein
„großer Irrthum, ihn unwissend zu nennen." Kurz,
Ben=David, der ganz schlichte Handwerkersohn,
wird nicht unterrichtet, kennt nichts, weiß von nichts,
und ist doch nicht unwissend. Dadurch „bewahrte sein
„Geist freie Natürlichkeit." Indessen hatte der Rabbi
Hillel fünfzig Jahre früher Lehrsätze verkündigt,
„welche mit den christlichen viel Aehnlichkeit haben"
— und „Hillel war der wahre Lehrer Ben=Da=
„vids, wenn es erlaubt ist, bei einer so erhabenen
„Persönlichkeit von einem Lehrer zu reden." Worin
nun die Erhabenheit des kleinen Zimmermannssohnes

besteht — erfährt man nicht, es sei denn darin, daß sich „die Poesie der Bibel vor seinem schönen Geist „enthüllte, die Poesie der Psalmen mit seiner lyrischen „Seele im wunderbaren Einklange war und die Visio= „nen des Buches Daniel ihn besonders fesselten und „ihm ganz natürlich und einfach erschienen." — Die Juden waren damals von einer heftigen Sucht nach Wunderbarem erfüllt und Ben=David „unterschied „sich in dieser Beziehung nicht von seinen Landsleuten. „Er glaubte an den Teufel und hielt Nervenleiden für „die Wirkung böser Geister. Von dem großen Fort= „schritt, der durch die griechische Wissenschaft in die „Welt gekommen war, von der neuen Idee, daß in der „Schöpfung Alles nach bestimmten Gesetzen, ohne „Wunder, ohne Vermittelung launenhafter Götter ge= „schehe — wußte Ben=David ebenfalls nichts." Also Ben=David glaubte an Gott, als an den Schöpfer und Regierer der Welt. „Früh enthüllt sich „sein Charakter." Und bei dieser Gelegenheit s ch e i n t es nicht, sondern: „Es steht fest, daß die Beziehungen „zu seinen Verwandten wenig Werth für ihn hatten. „Seine Familie scheint ihn nicht geliebt zu haben. „Sein Vater starb vor Ben=Davids öffentlichem „Auftreten und er trieb dessen Handwerk: er war

„Zimmermann. Seine Mutter war jetzt das Haupt „der Familie und daher nannte man ihn häufig Sohn „der Maria. Er verheirathete sich nicht. Er übertrug „seine Liebe auf Das, was er als seinen himmlischen „Beruf betrachtete, und er hatte den festen Entschluß „gefaßt, denselben zur Geltung zu bringen." Dieser Beruf besteht nun darin, daß Ben=David seine Landsleute über das Wesen Gottes aufklärt. Ben=David „g l a u b t sich im unmittelbaren Zusammen=„hang mit Gott; er f ü h l t sich Eins mit Gott; er „h ä l t sich für einen Sohn Gottes.; Gott ist in ihm: „das war seine ganze Theologie. Er predigte nicht „Meinungen, sondern sich selbst." Das ist aber keine Anmaßung des jungen Zimmermanns. „Es ist nur „die Gleichstellung des Ich mit dem Gegenstand, den „man erfaßt hat." Also eine Art von Wahnsinn. Anfangs „trat er nicht mit so kühner Behauptung „auf;" das kam allmälig. Er legte Anfangs nur da=rauf Gewicht, daß sein Gott „der Gott der Mensch=„heit sei," und daß man ihn vernehme, „wenn man „auf einen leisen Hauch hört, der in uns ruft: Vater." Durch diese große, allgemeine Vaterschaft gründete Ben=David „das wahre Reich Gottes, welches Je=„der in seinem Herzen trägt." Und darin besteht denn

Ben=Davids wahre Größe, wie Renan uns belehrt. „Die ersten Tage Ben=Davids waren seine „reinen Tage. Da ertönte die Stimme seines Vaters „in seiner Brust mit reinerem Klang. Da gab es „Monate, vielleicht ein Jahr, wo Gott wahrhaft auf „der Erde wohnte: denn die milde Stimme des jungen „Zimmermanns, sein liebenswürdiger Charakter und, „ohne Zweifel, seine schöne Gestalt ziehen einen Zau„berkreis um ihn." Auf diese Weise gelingt es ihm denn, eine durchaus neue Idee in die Welt zu setzen: „die Idee einer reinen Gottesverehrung, ohne Prie„ster, ohne Formen, die sich stützt auf die Brüderlich„keit aller Menschen, auf Gefühle des Herzens und „auf den unmittelbaren Verkehr des Herzens mit „Gott. Von dieser erhabenen Idee ist die christliche „Kirche weit abgekommen und in unseren Tagen sind „nur wenig Seelen fähig, sich zu ihr zu erschwingen."

Dafür müssen wir dem lieben Gott inbrünstig danken. Unser göttlicher Erlöser hat gesagt: „Niemand „kommt zum Vater, als durch mich[1]." Das übergeht Renan mit Stillschweigen. Indessen haben wir schon öfter gehört und gelesen, daß das Christenthum

---

1) Joh. 14, 6.

abgefallen sei von der reinen Idee seines Stifters. Ganz neu ist aber wohl — und höchst überraschend, was wir von Renan vernehmen, daß der arme Ben-David selbst von seiner ersten reinen Idee des "voll„kommnen Christenthums" abgefallen sei; denn „man „geht niemals unbefleckt aus dem Kampf des Lebens. „Das Gute erfassen, genügt nicht; man muß es un„ter den Menschen zur Geltung bringen und dazu „sind weniger reine Wege nothwendig. Wäre Ben„David gestorben in dem Augenblicke, zu welchem „wir in seiner Laufbahn gelangt sind, so würde es in „seinem Leben nichts geben, was uns verletzt; aber „dann wäre er den Menschen unbekannt geblieben und „nur in den Augen Gottes größer gewesen." — Der bezaubernde Zimmermannsgesell fühlt also, daß seine "Idee des Opfers bedürfe." Er entschließt sich, es zu bringen. Es ist niederträchtig, aber das stört ihn nicht, da bekanntermaßen der Zweck die Mittel heiligt — und da seine Lehre vom inwendigen Reich Gottes einer höheren Beglaubigung bedarf, um Eingang in weiteren Kreisen zu finden. Er entschließt sich also, eine Comödie zu spielen, in welcher er die Rolle des Messias mit dem Zubehör des Wunderthäters — ein junger leidenschaftlicher Ascet, Johannes der Täufer, die Rolle des Vorläufers übernahm. „Sie machten „gemeinsame Sache, unterstützten sich gegenseitig, und „ihre freundschaftlichen Beziehungen sind der Aus= „gangspunkt eines ganzen Systems, welches durch die „Evangelisten entwickelt ist und welches den Zweck „hat, der göttlichen Sendung Ben=Davids das „Zeugniß des Johannes zur ersten Grundlage zu „geben."

Nun sind wir im Klaren! eine Bande von Lüg= nern und Betrügern, vermischt mit etlichen Schwach= köpfen, steckt unter einer Decke und gründet das gegen= wärtige unvollkommne Christenthum, während das wahre, das reine, welches darin besteht, daß das Herz zum Himmel hinauf haucht: „Vater!" von Ben= David selbst aufgegeben wird, nachdem seine „große Seele" es erfunden hat.

So ist denn des Täufers Einfluß auf Ben=Da= vid „nachtheilig gewesen. Dieser macht einen Still= „stand in seiner Entwickelung, lernt jedoch das Predi= „gen und die Thätigkeit unter dem Volke von Johan= „nes." Natürlich geräth der arme Ben=David durch seine Messiasrolle, der er Anfangs gar nicht gewachsen ist und deshalb „im Schatten des Johannes groß zu „werden sucht" — in tausend Verlegenheiten. „Viel

„Dunkles trübt seinen Blick, viel Unbestimmtes seine „Gedanken, seltsame Versuchungen seinen Geist." Aber nach und nach ermannt er sich. Für einen Sohn Gottes hat er sich immer gehalten; jetzt „hält er sich „für allmächtig und er wird die Herrschaft Gottes auf „Erden herstellen. Zu diesem Werk trieb ihn ein An= „fall von heroischer Willenskraft."

Ben=David tritt nunmehr öffentlich mit seiner Lehre vom Reich Gottes, von einer allgemeinen sitt= lichen Umwälzung und Erneuerung — und „mit der „Behauptung seiner Messiaswürde" in Galiläa auf und hat großen Erfolg. „Eine Schaar von Männern, Wei= „bern, Kindern, voll Unschuld und Reinheit, hängt „ihm an und spricht zu ihm: Du bist der Messias, „der Sohn Davids. Das hört er gern, obschon es „ihn etwas genirt, da er ganz aus dem Volke her= „stammt." Aber da sein Ansehen täglich wuchs, so ge= wöhnt er sich an die Lüge. „Natürlich! je mehr man „an ihn glaubte, desto mehr glaubte er an sich selbst." Er verdankt seine „zahlreichen Eroberungen dem un= „endlichen Zauber seiner Person und seines Wortes." Genügen die nicht, so „wendet er unschuldige Mittel „an und gibt vor — wie es ja auch Jeanne d'Arc „gethan hat! — daß er von Dem, welchen er gewin=

„nen will, irgend ein Geheimniß wisse. So rührt er „Nathanael und die Samariterin." Man sieht, welche glänzende Fortschritte Ben=David in der Lüge macht. Unter seinen Jüngerinnen „scheint eine beson= „ders begeisterte Person gewesen zu sein: Maria „Magdalena. Sie war mit nervösen Krankheiten „behaftet gewesen und Ben=David beruhigte durch „seine sanfte, reine Schönheit diesen gestörten Orga= „nismus. Sie spielte am Tage nach seinem Tode eine „bedeutende Rolle, denn sie war es, die hauptsächlich „den Glauben, an seine Auferstehung begründete." Unter freiem Himmel, am klaren See von Genezareth, auf den grünen Bergen, die ihn bekränzen, lebt und webt diese idyllische Gesellschaft heiter und fröhlich da= hin, und es war für Ben=David ungemein leicht, vom Reich Gottes und vom Himmelreich zu reden und die Bergpredigt über die acht Seligkeiten zu halten; denn das Alles „trugen diese sanften, einfachen Seelen „im Herzen, das Alles lebte im göttlich reinen Gewis= „sen dieser glücklichen Kinder." Die Menschen in Galiläa haben also damals viel mehr Aehnlichkeit mit den Figuren in Geßners und Theokrits faden Schäferspielen, als mit dem wirklichen Menschen aller Zeiten und aller Zonen gehabt, denn der verbleibt nicht lebenslänglich in göttlich reiner Gewissensverfassung. In diesem Arcadien „ging die neue Religion „aus einer begeisterten Bewegung von Weibern und „Kindern hervor, die Ben=David anbeteten, und er „mußte den Vorwurf seiner Feinde hinnehmen, daß „er diese zarten, leicht zu verführenden Wesen ihren „Familien entfremde." Darüber tröstet sich aber Ben=David, denn „die Kinder, die er, wie Savona=„rola, zu einem kleinen Apostolat verwendete, brin=„gen ihm kleine Huldigungen dar, die ihm viel Ver=„gnügen machten, indem sie ihn Sohn Davids nann=„ten und Hosanna riefen. Er freut sich, diesen Titel, „den er nicht anzunehmen wagt, auf den Lippen seiner „kleinen Apostel zu finden, denn ohne denselben durfte „er keinen Erfolg erwarten." Wir würden uns durch ein solches Verhalten zur tiefsten Verachtung gedrängt fühlen; allein Renan belehrt uns, daß dies Alles weder Hochmuth, noch Betrug, noch Zweideutigkeit sei, sondern daß Ben=David „den Ideen nachgab, „welche seine Zeit bewegten und in seine Lehre vom „Reich Gottes Alles aufnahm, was die Gemüther er=„wärmte." Das heißt mit anderen Worten: man erwartete sehnsüchtig den Messias, folglich wollte er für den Messias gelten und die Erfüllung der Weis=

sagungen als Beweis seiner übernatürlichen Sendung in Anspruch nehmen. Ein zweiter Beweis für eine göttliche Sendung „waren damals die Wunder." Da Ben=David das erste Beweismittel auf sich anwendet, so tritt er natürlich nicht vor dem zweiten zurück. Und er konnte das mit vollkommner Ehrlichkeit thun, „denn er war schon lange überzeugt, daß die „Propheten nur im Hinblick auf ihn geschrieben hätten. „Uebrigens scheinen viele Umstände anzudeuten, daß „sich Ben=David spät und ungern entschloß, Wun„derthäter zu werden." Aber er that es, wiederum „gegen seinen Willen und den Irrthum der Volks„meinung über die Möglichkeit der Wunder fühlend. „Es war ein Zugeständniß, welches ihm die Noth„wendigkeit entriß." Er spielt also eine neue Comödie durch Heilungen, Teufelsbeschwörungen, andere Wunder; wie — das erfahren wir nicht; allein er begeistert dadurch seine Anhänger und schreckt seine Gegner — was doch ganz unbegreiflich ist, wenn die Wunder keine Wunder waren. Vielleicht hat Ben=David sie im Traum vollzogen; vielleicht war er ein Nachtwandler; denn von dem „Traum seiner Idee," von dem „Traum seiner Lehre" und von „der „grausamen Beschämung, welche die Wirklichkeit seinen

„Träumen zugefügt habe," — spricht Renan fleißig.

Der arme, somnambule, durch Lüge und Träumereien zu falscher Höhe emporgeschraubte Ben=David verliert mehr und mehr Maß und Gleichgewicht. „Er will, daß man nur für ihn lebe und ihn „liebe" — was allerdings ein höchst drolliger Anspruch von einem Ben=David ist. Die traurige Lehre von der Weltentsagung und Selbstverleugnung „hatte nicht „den heitern Sittenprediger der ersten Tage, sondern „den finstern Riesen zum Gründer, der alle Lust zu „leben, zu lieben, zu fühlen vergessen hatte. Die An=„muth des Ausdrucks — z. B. Kommt zu mir Alle, „die ihr mühselig und beladen seid 2c. — machen diese „Uebertreibungen, diese erregte Moral, höchst gefähr=„lich; denn durch sie wird das Evangelium ein Traum=„reich, um dessen Verwirklichung sich die Christen nur „auf der ersten Stufe der Entwickelung des Christen=„thums bekümmern. Der gesunde Sinn empört sich „gegen dies Uebermaß. Dennoch rührt der ungeheure „moralische Fortschritt, den man dem Evangelium „verdankt, von diesen Uebertreibungen her." Das Meer von Widersprüchen, in welchem Renan schwimmt, fällt ihm selbst gar nicht auf.

Mit Ben=Davids gesunder Vernunft geht es jetzt reißend bergab. „Er befand sich, so zu sagen, „völlig außerhalb der Natur. Zuweilen stellt sich ihm „der Tod als ein Opfer dar, welches die Bestimmung „hat, seinen Vater zu versöhnen und die Menschheit „zu retten. Von dieser steigenden Exaltation hingeris= „sen, war er nicht mehr frei. Man hätte sagen kön= „nen, daß sein Geist sich zuweilen trübte. Er hatte „etwas wie Angst und innere Aufregungen. Seine „Leidenschaftlichkeit führt ihn in jedem Augenblick über „die Grenze der menschlichen Natur. Seine natürliche „Sanftmuth scheint ihn verlassen zu haben. Er war „zuweilen rauh und sonderbar. Gebieterisch fordert er „den Glauben. Er empört sich bei der Berührung mit „der Welt. Sein Begriff vom Sohn Gottes verwirrt „sich. Der Ton, den er angenommen hatte, konnte „nur noch einige Monate ertragen werden; es war „Zeit, daß der Tod kam. Aber seine Tugend sank „nicht."

Dieser Ben=David — und Tugend! welche Zusammenstellung!

„Sein umherschweifendes, früher so angenehmes „Leben fängt an, ihn zu drücken. Bitterkeit und Vor= „wurf brechen sich mehr und mehr Bahn in seinem

„Herzen. Wider seinen Willen braucht er gegen seine
„Widersacher sehr harte Ausdrücke in einem heftigen,
„beleidigenden Ton. Mehrere Aussprüche, die er an
„seine Jünger richtet, schließen den Keim eines wahr-
„haften Fanatismus in sich, den das Mittelalter auf
„grausame Weise entwickeln wird. Aber Martin
„Luther und die Führer der französischen Revolution
„sind auch nicht höflich gewesen [1]). Große Umwälzungen
„geschehen nicht ohne Härte."

Endlich kommt Ben-David zum letzten Mal
nach Jerusalem, wo ihn denn sein verdientes Schick-
sal erreicht. Ein so colossaler Betrug, wie der seine,
kann unmöglich lange fortgesetzt werden und unmöglich
ein gutes Ende nehmen. Durch seine Messiasrolle
fühlt er sich in Jerusalem „verlegen und gedrückt,"
und weil er sie dennoch behauptet, „bekommen seine Re-

---

1) Diese und viele andere Stellen sind in der Ber-
liner „Volks-Ausgabe," theils gar nicht, theils abge-
kürzt zu finden. Dagegen hat sie eine charakteristische
Eigenthümlichkeit. Wo im Original „conscience"
steht, sagt der Uebersetzer beharrlich entweder „Gefühl"
oder „Bewußtsein." Das gute, ehrliche, deutsche „Gewissen" fehlt ihm gänzlichst. Deshalb wird es ihm
auch möglich, dem Volke dies Buch zu bieten.

„den etwas Lästiges." Er griff in öffentlichen Gesprächen und aufregenden Vorträgen das starre Judenthum an, das Gesetz des Buchstabens, die Scheinheiligkeit, die Heuchelei. Dennoch drang er nicht so, nicht einmal im Volke so durch, wie in Galiläa; die verschiedenen Secten waren zu mächtig. Nur Einzelne hingen ihm an. Seine Freunde hielten es für ganz nothwendig, daß Ben-David ein recht großes Wunder, z. B. die Auferweckung eines Todten, den ganz Jerusalem kenne, vollbringe; dann, meinten sie, werde sich die ungläubige Stadt bekehren. „Ben-David war in „dem drückenden Jerusalem nicht mehr er selbst. Durch „die Schuld der Menschen hatte sein Gewissen etwas „von seiner ursprünglichen Klarheit verloren. Ver-„zweifelt, zum Aeußersten getrieben, war er nicht „mehr Herr seiner selbst. Seine Mission stand ihm „am höchsten: er gehorchte dem Strom. Bei seinen „Freunden in Bethanien trug sich etwas zu, was für „eine Auferstehung angesehen wurde." Lazarus und seine Schwestern, „diese leidenschaftlichen Personen," organisiren also eine ungeheure Comödie. Ben-David war in Jericho, „wo er einige Tröstungen em-„pfing." Sie bestehen darin, daß Zachäus auf einen Baum stieg, um ihn zu sehen, und daß ein Blinder beharrlich „Sohn Davids" ihm zurief. Lazarus ward schwer krank. Seine Schwestern schickten eine Botschaft an Ben=David mit der Bitte, seine Rückkehr zu be= schleunigen. Als Lazarus erfuhr, daß Ben=David in der Nähe sei, „wurde er vor Freude gesund, ließ „sich aber vielleicht mit Tüchern umhüllen, wie eine „Leiche, und in seine Familiengruft einschließen." Seine Schwestern gingen Ben=David entgegen und führten ihn gerabesweges zur Gruft. Als er seines Freundes Leiche noch einmal zu sehen wünschte, öffnete man die Felsenkammer und Lazarus kam in seinen Leichentüchern zum Vorschein. Obschon er weder schein= todt, noch wirklich todt gewesen, sondern vor Freude gesund geworden war: so sah er doch noch bleich von seiner Krankheit aus und das genügt Renan, um zu behaupten: „Diese Erscheinung mußte natürlich „von Jedermann als eine Auferstehung angesehen „werden. Der Glaube kennt kein anderes Gesetz, als „das Interesse an dem, was er für wahr hält. Da „der Zweck, welchen er verfolgt, für ihn durchaus „heilig ist, so hat er kein Bedenken, schlechte Beweis= „gründe zu Hülfe zu nehmen, wenn es mit den guten „nicht glückt." Lazarus und seine Schwestern hielten Ben=David für einen Wunderthäter, also konnten sie in aller Ehrlichkeit — nach Renan! — diesen Betrug spielen, während der armselige Ben=David nicht im Stande war, die Wundersucht zu mäßigen und, wie immer, gegen seinen Willen handelt. Das Wunderbarste bei dem quasi-Wunder ist ohne Zweifel dies: daß die Ungläubigen, die durch die Auferstehung des Lazarus gewonnen werden sollten, und weder Neigung noch Interesse dafür hatten, sich täuschen zu lassen, durch ein so grobes Possenspiel bekehrt wurden, daß es in Jerusalem großes Aufsehen machte, Ben=Davids Feinde sehr erzürnte und sein Ende beschleunigte. Er selbst war „von schweren Gedanken „erfüllt und ließ zuweilen gegen seine Widersacher „einen düsteren Groll durchblicken. Seine Jünger be= „stärkte er in dem Gedanken, daß er sterben und daß „sein Tod die Welt retten werde." Indessen hat er doch noch einige kleine Freuden. Bei dem festlichen Mahl, welches Simon der Aussätzige für ihn in Bethanien veranstaltete, salbte Maria die Füße Ben-Davids mit kostbarem Nardenöl und trocknete sie mit ihrem langen Haar. Das that ihm ungemein wohl. „Er liebte die Ehrenbezeigungen, denn sie dien= „ten seinem Zweck und befestigten seinen Titel „Sohn „Davids." In seiner Begeisterung verhieß er dem

„Weibe, das ihm in einem so entscheidenden Augen=
„blick ein Liebeszeichen erwies — die Unsterblichkeit."
— Am andern Tage hatte er abermals „einen Augen=
„blick menschlicher Genugthuung." Die Galiläer, die
zum Passahfest nach Jerusalem gekommen waren, „be=
„reiteten ihm einen kleinen Triumph," indem sie ihn
im festlichen Zuge in die Stadt einführten.

„In den letzten Tagen lastete das ungeheure Ge=
„wicht der Mission, welche er übernommen hatte,
„grausam auf Ben=David. Eine große Traurigkeit
„scheint seine sonst so heitere und fröhliche Seele er=
„füllt zu haben. Er begann vielleicht an seinem Werk
„zu zweifeln. Furcht und Zögerung bemächtigen sich
„seiner. Vielleicht kamen einige jener rührenden Erin=
„nerungen über ihn, welche auch in den stärksten
„Seelen leben und sie auf Augenblicke wie ein
„Schwert durchbohren. Gedachte er der klaren Quel=
„len Galiläa's, der Feigenbäume und Weinstöcke,
„unter denen er hätte ruhen können — der jungen
„Mädchen, die ihm ihre Liebe geschenkt haben wür=
„den? — Verfluchte er sein hartes Geschick, das
„ihm Freuden versagte, die Andern zu Theil werden?
„Beweinte er sich selbst, daß er ein Opfer seiner
„Größe geworden und nicht ein schlichter Handwerker

„in Nazareth geblieben sei?" — Man sieht, der arme Ben=David ist ein solcher Comödiant geworden, daß er nun auch vor sich selbst die Messias=rolle fortzuspielen sucht. Doch das hindert Renan nicht, plötzlich mit Begeisterung auszurufen: „Seine „göttliche Natur gewann die Oberhand. Er konnte „den Tod vermeiden — er wollte es nicht! Die Liebe „zu seinem Werk trug den Sieg davon. Wir sehen „ihn fortan in seinem wahren Wesen, ohne Hülle — „nicht disputirend, nicht spitzfindig, nicht wunder= „thätig, nicht teufelbeschwörend — als den unver= „gleichlichen Helden der Passion und als den Gründer „des Rechts der Gewissensfreiheit." Renan hätte lieber sagen sollen, der Gewissenlosigkeit; denn es wird in der ganzen Weltgeschichte schwerlich ein ge= wissenloseres Individuum aufzutreiben sein, als Ben= David. Nun, er stirbt denn auch, wie er gelebt hat, seine Messiasrolle festhaltend, in Lug und Trug; und dies macht ihn denn zum Helden Renan's, der ihm in höchster Extase nachruft: „Ruhe in deiner „Herrlichkeit! dein Werk ist vollendet, deine Göttlich= „keit begründet. Fortan wird zwischen dir und Gott „kein Unterschied sein. Durch unbegrenzte Jahrtau= „sende wirst du der Eckstein der Menschheit werden

„und auf dem königlichen Wege, den du vorgezeichnet „hast, folgen dir die anbetenden Generationen."

Ben=David ist nun freilich todt, am Herz=schlag ist er gestorben; aber seine Anhänger sind dermaßen an comödiantenhaftes Treiben gewöhnt, daß sich in „der christlichen Gemeinde die seltsamsten „Gerüchte verbreiteten, der Ruf: Er ist auferstan=„den! wie ein Blitz zündete und die Liebe ihn überall „leicht Glauben finden ließ. Maria Magdalena's „glühende Einbildungskraft spielt hiebei eine Haupt=„rolle. O, göttliche Majestät der Liebe! o heilige „Augenblicke! die leidenschaftliche Aufregung eines „durch ein Phantasiegebilde getäuschten Weibes gibt „der Welt einen auferstandenen Gott!"

Dies ist die wahrhafte, wortgetreue Geschichte des holdseligen Jünglings Ben=David, des Ideals der arcadischen Galiläer und des Herrn Ernest Renan. Ob sie zu dem Leben unseres göttlichen Erlösers, wie die heiligen Schriften es uns erzählen, paßt — beurtheile jeder Leser, der nur einen Blick in die Evangelien geworfen hat.

## II.

Die Gründe, die Renan angibt, um seine empörten Leser von seiner Glaubwürdigkeit zu über=

zeugen, stehen in der Einleitung zu seinem Werk. Es sind diese: Er glaubt nicht an die göttliche Offenbarung des Christenthums durch Christus, den menschgewordenen Gottessohn; — und: Er hat eine Offenbarung über seine Anschauungsweise gehabt. Diese zwei Gründe fallen in einen zusammen: der Ungläubige beruft sich immer auf seine Privatmeinung, möge er sie Offenbarung nennen oder nicht. Bei Renan kommt es auf etwas mehr oder weniger Mißbrauch und Verdrehung der Worte nicht an. Er sagt darüber:

„Eine wissenschaftliche Reise, welche die Er=
„forschung des alten Phöniziens zum Gegenstand
„hatte, führte mich an die Grenzen von Galiläa,
„wo ich lange wohnte und das ich nach allen Seiten
„durchzog. Die Geschichte Jesu, welche in der Ferne
„in Wolken zu schwimmen scheint, nahm jetzt eine
„Gestalt, eine Festigkeit an, die mich in Erstaunen
„setzte. Die schlagende Uebereinstimmung des Textes
„und der Oertlichkeit, der merkwürdige Einklang des
„evangelischen Ideals mit der Landschaft, die
„ihr als Rahmen diente, waren für mich gleichsam
„eine Offenbarung. Ich hatte ein fünftes
„Evangelium, etwas zerstückelt, doch lesbar, vor

„Augen und sah fortan statt des abstracten Gebildes,
„das sich in den Erzählungen von Matthäus und
„Marcus ohne wahres Leben bewegt, eine bewun=
„dernswürdige menschliche Gestalt in jenen Rahmen
„hineintreten und leben. Ich zeichnete das Bild,
„das mir erschienen war, auf — und so entstand
„diese Geschichte."

Ich weiß nicht, ob sich der Hochmuth je so un=
befangen ausgesprochen hat, wie in diesen Zeilen.
Zu seiner Erklärung kann man vielleicht sagen, daß
Renan, als ein ächter Professor des neunzehnten
Jahrhunderts und gar als ein Pariser Professor[1], sich
als solcher für ein Wesen hält, das jede andere
Autorität durchaus überflüssig macht und, wenn sie

---

1) Während diese Zeilen gedruckt wurden, erfuhr
ich, daß Herr Ernest Renan seinen Lehrstuhl am
Collège de France verloren habe. Wann werden nun
aber in Deutschland die Professoren des Atheismus von
den Lehrstühlen verschwinden? — Und wann werden
sich Deutschlands Katholiken ermannen und durch Grün=
dung einer freien katholischen Universität das für ihre
Söhne thun, was das kleine Belgien und das arme
Irland schon thaten — und auf keinem Lehrstuhl einen
Gottesleugner dulden!

Widerstand zu leisten wagt, sich für berechtigt hält, sie in Grund und Boden zu schmettern. Nach ihm ist das fünfte Evangelium, das sich auf seine Privatoffenbarung stützt, das einzig wahre, das einzig richtige: deßhalb müssen die vier andern ohne Umstände verurtheilt werden. „Die Evangelisten, die „uns das Bild ihres Meisters übermacht haben, ent= „stellen ihn unaufhörlich, weil sie seine Höhe nicht „erreichen können. Ihre Schriften sind voll Irr= „thümer und Widersprüche. Man fühlt in jeder „Zeile eine göttliche Schönheit, die von den Ver= „fassern nicht verstanden wurde. Sie setzten ihre „eigenen Gedanken an die Stelle derjenigen, die sie „nur halb erfaßten. Der Charakter ihres Meisters „ist von seinen Lebensbeschreibern nicht verschönert, „sondern verringert. Um ihn wiederzufinden, wie er „war, muß man eine Reihe von Irrthümern ent= „fernen, welche aus der mittelmäßigen Geistesbe= „schaffenheit der Jünger entstanden sind. Sie meinten „ihn zu erheben: in Wirklichkeit setzten sie ihn herab."

Wahrscheinlich hat der Glaube an ihren göttli= chen Meister die armen Evangelisten so verdummt; denn Renan behauptet ja, daß man, um die wahre Geschichte einer Religion zu schreiben, nicht an sie glauben dürfe; was gerade so viel heißt, als wenn Jemand behauptete: Um ein großer Astronom zu sein, muß man blind sein; dann kann man in freien Phantasien über die Gestirne sprechen — und die Phantasien eines Blinden sind Wahrheit; — warum? — Weil er seine Privatmeinung über die Sterne hat!

Der stärkste und allgemeinste Eindruck, den dies Buch nicht bloß auf den christlichen, sondern überhaupt auf jeden unbefangenen Leser machen muß, ist der eines namenlosen Widerwillens gegen die unerhörte Lügenhaftigkeit, in welcher der Verfasser lebt und webt. Er haßt die christliche Offenbarung, er haßt die christliche Kirche, er haßt den göttlichen Erlöser, er haßt Alle und Alles, was für die Menschwerdung Gottes zeugt. Darum werden Alle und Alles dargestellt als Fanatiker, als Betrüger, als Comödianten, als Phantasten, als Nervenkranke, als hohlköpfige Enthusiasten; und ist nun Alles gehörig durch Verläumdung besudelt: so rafft Renan ein Paar unächte Goldflittern, ein Paar künstliche Blumen zusammen, spricht: Jetzt will ich euch auf meine Weise bekränzen und verherrlichen! — und hält diesen durch Besudelung und falschen Aufputz unkenntlichen und verzerrten Gestalten eine theatralische Lobrede.

So weit ist er innerlich von der Wahrheit abgewichen, so fest ist er innerlich in seine eigenen Truggewebe verstrickt, daß er das Schmachvolle der Rolle, die er seinem Helden und dessen Erfinder zuweist, gar nicht bemerkt. Was helfen ihm seine Kenntnisse der hebräischen Sprache? was seine Reisen in Palästina? was Galiläa's anmuthige Landschaft? was die Bekanntschaft mit den heiligen Stätten? — Einer von jenen großen Männern, an denen die katholische Kirche so reich ist, der heil. Bonaventura sagt: „Ohne die Reinheit des Spiegels unserer Seele ist das äußere Licht wenig oder nichts. Uebe dich in der Demuth, ehe du deine Blicke zu den Strahlen der göttlichen Weisheit erhebst, welche in den Spiegel deiner Seele hineinleuchten, damit du nicht, durch ihren Glanz geblendet, in noch tiefere Finsterniß gerathen mögest."

Den Zuruf hat Renan nicht verstanden. Er preist zwar sehr, daß der göttliche Heiland in seinen Lehren wie in seinen Handlungen mit besonderer Liebe an die Armen und Geringen sich wendet und ihnen vor Allen das Reich Gottes verkündet und erschließt. Das thut Renan aber nur deshalb, weil er unter den „Armen" diejenigen Leute versteht, die von der Partei des Unglaubens heutzutage mit besonderer Emphase „das Volk" genannt werden. Daß unser Erlöser unter den Armen, den Kleinen, den Kindern vorzugsweise die Demüthigen verstanden hat, die in ihren eigenen Augen gering sind, daß er seine Bergpredigt mit den Worten beginnt: „Selig die Armen im Geist" — was etwas ganz Anderes ist, als arm an Geld und Gut zu sein, und was eben sagt, daß der Mensch von seinem Besitz, seinen Vorzügen innerlich abgelöst sein soll: das kommt nicht in Renan's Sinn. Für ihn ist unser Erlöser „ein „feuriger demokratischer Jude," ein Volkstribun, der auf eine sociale Umwälzung ausgeht — und ich wunderte mich sehr, daß sich Renan bei dieser Gelegenheit den Vergleich mit Tiberius Grachus hat entgehen lassen, da er doch die Vergleiche des göttlichen Heilandes mit geschichtlichen Persönlichkeiten außerordentlich liebt. Mit Moyses, mit Muhamed, mit Martin Luther, mit Marat und Robespierre (ohne freilich diese zwei Namen zu nennen), mit Columbus, mit Jeanne d'Arc, mit dem „extravaganten Franziscus von Assisi," mit Savonarola werden Vergleiche und Aehnlichkeitszüge herbeigeholt. Die Gespräche, die er mit dem Apostel

Petrus führt, erinnern an die Gespräche, die König
Ludwig IX. mit dem ehrlichen Sire de Join-
ville¹) gepflogen hat. Der vortreffliche Kaiser
Marcus-Aurelius, der sanftmüthige Jude Spi-
noza waren frei von manchen Irrthümern, welche
unser göttlicher Heiland hatte — und Sakya-Muni,
übertraf ihn in dem Heroismus, womit er die Freuden
und Sorgen der Erde mit Füßen trat. „Er ist aus
„dem Judenthum hervorgegangen, wie Socrates
„aus der Schule der Sophisten, wie Luther aus
„dem Mittelalter, wie Rousseau aus dem achzehnten
„Jahrhundert, wie Lamennais aus dem Katholi-
„cismus" unserer Tage. Alle diese Männer gehörten
durch Geburt, Erziehung und gewisse Einflüsse ihrer

---

1) Die Memoiren von Joinville stellen in ihrer
Naivetät allerdings sowohl den König sehr edel als
den Seneschall von Burgund sehr offenherzig dar. Einmal fragt der König ihn: „Wenn du von zwei Uebeln
eines wählen müßtest, was würdest du wählen: eine
Todsünde begangen zu haben oder den Aussatz zu bekommen?" — Sogleich ruft Joinville: „Lieber dreißig
Todsünden, als einmal den Aussatz!" — Der König
belehrt ihn, er müsse gerade umgekehrt wählen, wozu
Joinville aber nicht die mindeste Lust verspürt.

Zeit und den in ihr herrschenden Ideen an, — dies will Renan sagen — gingen aber aus ihnen hervor, wie Meteore aus den Wolken, die sie erzeugten; und ein solches Meteor ist denn auch unser göttlicher Erlöser." Ja, seine Aehnlichkeit mit Lamennais wird lebhaft hervorgehoben. Wie in dessen „schönen „Schriften der unbändigste Zorn mit der süßesten „Anmuth abwechselt, so ließ sich auch Jesus durch „die Leidenschaftlichkeit, die den Grundton seines „Charakters ausmachte, zu den heftigsten Schmäh= „ungen gegen jeden Widerstand und zu den erbit= „tertsten Vorwürfen gegen die leiseste Ungläubig= „keit hinreißen, während er in der Bergpredigt der „mildeste Lehrer ist. Dies seltsame Gemisch darf nicht „befremden; es ist nur ein Contrast" — den La= mennais' Beispiel hinreichend erklärt und rechtfertigt. Wird der göttliche Heiland von Sakya=Muni[1]) durch

---

1) Sakya=Muni, ein hindostanischer Königssohn, lebte etwa ein halbes Jahrtausend vor der christlichen Zeitrechnung, verließ seine drei Frauen, seine Palläste und seine Schätze, widmete sich fortan der Abtödtung und Betrachtung und wurde ein Buddha (ein Erleuch= teter) und der Stifter des Buddhismus, der in Asien die fast ausschließliche Religion ist. Ihre Moral soll

heldenhafte Selbstverleugnung und von Mark-Aurel durch gesunden Menschenverstand übertroffen, so ist er wenigstens in einem Punkt unübertrefflich: „Er „ist der größte Meister der Ironie. Sein scharfer „Spott, seine höhnischen Herausforderungen schnitten „dem Pharisäismus in's Herz hinein. Meisterwerke „der höchsten Ironie, sind sie seitdem dem Heuchler, „dem Frömmler in's Fleisch gebrannt. Dies sind „unvergleichliche Züge! Züge, die eines Gottessohnes „würdig sind. So tödtlich kann nur ein Gott die „Waffe des Spottes handhaben. Socrates und „Molière ritzen nur die Haut. Er aber ätzt Feuer „und Wuth in's Mark hinein." Um dies Renan'sche wüthende Frohlocken zu verstehen, muß man wissen, daß in seinen Augen die heilige katholische Kirche die Fortsetzung des Pharisäerthums ist, also ein Gemisch von Heuchelei, Dummheit, Herrschsucht, gräßlicher Tyrannei. „Das wahre Christenthum ging aus dem „Gewissen eines Mannes aus dem Volk hervor, er= „blühte vor dem Volk, wurde zuerst vom Volk ge= „liebt und bewundert — war der erste Triumph der

---

streng sein. Das höchste und letzte Ziel aber, welches sie dem Menschen bietet, ist das Nirvana (das große Nichts, das allgemeine Erlöschen).

„Revolution, der erste Sieg des Volksgefühls —
„war eine Verherrlichung des Schönen, wie das
„Volk es faßt. Das wahre Christenthum ist die
„absolute, die allgemeine Religion, die keine Grenzen
„hat, die nichts und Niemand ausschließt, die nichts
„feststellt, die nur auf das Gefühl Werth legt und
„nur an die Idee des reinen Cultus sich hält. Jedes
„Glaubensbekenntniß ist eine Carricatur dieser reinen
„Idee." Da nun die heilige katholische Kirche aller=
dings ein ganz bestimmtes Glaubensbekenntniß hat
— ein Losungswort hat, vermittelst dessen sich ihre
Kinder in der blutigen Schlacht des Lebens um das
Banner der Erlösung schaaren, das der Sohn Gottes,
der Sohn der Jungfrau, der Menschgewordene,
der Auferstandene, ihr anvertraut hat, um es über
die Welt hin zu entrollen: so versetzt das Renan in
sehr üble Laune und er versichert: „Käme Derjenige,
„dessen ewiger Ruhm es ist, den Grundstein der
„wahren Religion gelegt zu haben, zu uns zurück,
„so würde er als seine Jünger nicht die anerkennen,
„die sich bemühen, ihn ganz und gar in einige Phrasen
„des Katechismus einzusperren, wohl aber die, welche
„daran arbeiten, ihn fortzusetzen." Vor lauter übler
Laune bemerkt Renan nicht, daß beide Signaturen

genau auf die katholische Kirche — und **nur** auf sie passen. Denn sie, die auf ihren Altären in wirklicher und wesenhafter Gegenwart den Herrn, den verborgenen Gott, besitzt und anbetet, sie kann nimmermehr auf den armseligen Gedanken kommen, ihn in ein Paar Lehrsätze einschließen zu wollen — während gerade sie und **nur** sie es ist, die seit achtzehn Jahrhunderten unermüdlich über den ganzen Erdball hin, durch ihr Apostolat — Sein Werk, durch die Feier des Altarssacramentes — Ihn Selbst fortsetzt. Uebrigens meint er es auch nicht ernsthaft, der gute Renan, mit seinen Ansprüchen an die Fortsetzung und Nachfolge Jesu, denn er beeilt sich, geschwinde zu erklären: „Wir sind Christen — (er spricht von „sich selbst im Plural) — wenn wir uns hinsicht-„lich der Religion zu jener strahlenden Reihe von „geistigen und sittlichen Größen halten, an deren „Spitze der Name Jesu glänzt — obschon wir uns „von der christlichen Tradition so ziemlich in allen „Stücken trennen." Renan macht es wie jene römischen Soldaten, die in der Passionsnacht den göttlichen Heiland in's Angesicht schlugen und dabei sprachen „Ave, Rex!"

Das fünfte Evangelium ist eine Ausgeburt

des Hasses gegen alles Göttliche, gegen alles Gnaden=
leben, gegen alles Uebernatürliche. Der göttlichen
Offenbarung, der übernatürlichen Einsetzung der Kirche
ebenso brutal in's Antlitz zu schlagen, wie dem Sohn
Gottes, ist Renan's beständiges Bemühen. Daß er
den göttlichen Erlöser in eine Reihe mit jenen obenge=
nannten Persönlichkeiten stellt, und die jämmerliche
nichtswürdige Rolle, zu welcher er ihn erniedrigt, wie
Ben=Davids Geschichte es unleugbar zeugt, be=
weisen jenen Haß. „Der Betrug, die Wundersucht,
„die Legende haben Christus zum Gott gemacht.
„Er war nur göttlich, insofern er die Menschheit den
„stärksten Schritt aufwärts zum Göttlichen thun ließ.
„Es stand ihm frei zu sündigen. Er überwand jedoch
„alle Leidenschaften, die wir bekämpfen. Kein Engel
„Gottes hat ihn getröstet; das that sein gutes Gewissen.
„Kein Teufel hat ihn versucht; das that der Satan,
„den Jeder im Herzen trägt. Manche seiner großen
„Züge sind für uns verloren und viele seiner Fehler
„uns verborgen. Er hält sich für mehr als für
„einen gewöhnlichen Menschen, aber von Gott durch
„eine unendliche Kluft getrennt. Uebrigens ist auch
„die Idee, welche er sich vom Menschen macht, eine
„ganz andere als die armselige Vorstellung, welche

„ein kalter Deismus eingeführt hat. In seiner poe=
„tischen Auffassung der Natur durchdringt ein und
„derselbe Geist das Universum; der Athem des Men=
„schen ist der Athem Gottes; Gott wohnt im Men=
„schen, lebt durch den Menschen, sowie der Mensch
„in Gott wohnt, durch Gott lebt. Sein hoher
„Idealismus erlaubt ihm keine klare Vorstellung über
„seine Persönlichkeit. Die Stellung, die er sich an=
„wies, war die eines übermenschlichen Wesens. Aber
„man muß wohl beachten, daß die Bezeichnungen
„übermenschlich und übernatürlich nur unserer arm=
„seligen Theologie eigen sind und daß sie in seinem
„hohen religiösen Bewußtsein keinen Sinn hatten.
„Für ihn gab es nichts Uebernatürliches, denn die
„Natur existirte ihm nicht. Trunken von der unend=
„lichen Liebe, übersprang er den Abgrund, welche
„unsere mittelmäßigen Fähigkeiten zwischen Gott und
„dem Menschen ziehen."

Aus diesem widersinnigen Schwulst kommt Renan
gar nicht heraus. In einem Athem versichert er:
wie der Mensch durch Gott — so lebt Gott durch
den Menschen; — und dann sogleich: ein Abgrund
trennt den Menschen von Gott. Schon bei der Ab=
fassung muß er darauf gezählt haben, daß nicht

denkende, sondern nur total urtheilslose, oberfläch=
liche Leser sein fünftes Evangelium lesen würden.
Das ist denn freilich ebensowenig schmeichelhaft für
sein Buch, wie für die große Masse des lesenden
Publikums.

Nach Renan ist also der Mensch ein Product
der großen pantheistischen Strömung, die durch das
Weltall geht und die zu allen Zeiten, von Sakya=
Muni bis auf Molière und Lamennais,
Christus inbegriffen, ihre größeren und kleineren Ge=
bilde hervortreibt, welche in dem Maß groß genannt
werden, als ihre Zeit ihrer bedarf. Einen objectiven
sittlichen, moralischen Werth haben sie nicht, denn
ein solcher existirt gar nicht bei diesen Manifestatio=
nen einer allgemeinen schöpferischen Kraft. Von dem
Unterschied zwischen Lüge und Wahrheit, Recht und
Unrecht ist folglich keine Rede. Man darf die Rolle
eines Messias spielen — und hat man sie gut ge=
spielt, so war man ein Messias. Handelt man, wie
etwa ein Gott handeln würde, so nenne man sich
immerhin Sohn Gottes. „Auf die Idee, die einem
„Gemälde von Raphael zum Grunde liegt," sagt
Renan, „kommt gar nichts an; nur auf die Ma=
„lerei, auf die Ausführung." Es wäre also, nach

Renan, unendlich gleichgiltig, ob unser göttlicher Erlöser von sich selbst sagt: „Ich und der Vater „sind Eins" — wenn er nur die allgemeine Religion der Menschheit, die Religion des reinen Cultus durch das Gefühl, gestiftet hat. „Diese Religion ist der„maßen die unbedingt wahre und gute, daß wenn „die Bewohner anderer Planeten mit Vernunft und „Moralität begabt sind, sie auch diese Religion ha„ben werden." Renan sagt anderswo: „Ohne die „große Gastfreundschaft, die im Orient herrscht, wäre „die schnelle Ausbreitung des Christenthums unmög„lich gewesen." Da nun aber die Gastfreundschaft, trotz aller Mittel der Locomotion, sich noch nicht von einem Planeten bis zum anderen erstreckt: so ergibt sich aus jener hypertellurischen Behauptung gerade Renan's Ansicht, daß gewisse geistige Strömungen nicht bloß über den Erdball, sondern durch das Universum gehen. — „Große moralische Ein„flüsse laufen wie Epidemien durch die Welt, so daß „sich z. B. im sechzehnten Jahrhundert die Kunst in „Italien gerade so, wie am Hof des Groß=Moguls „entfaltet." — Die Kunst=Strömung umfluthet schon „den Groß=Mogul;" — warum nicht die Religions=Strömung „andere Planeten!" Ja, der Eifer, „die

„Bewohner anderer Planeten" herbei zu zerren, ist um so größer, als die christliche Offenbarung sich nur an die Kinder Adams richtet und aus ihnen, den Gefallenen, Erlöste durch Christus macht; die Nachkommenschaft Adams aber nur unsere Erde bewohnt. Wo immer möglich muß der göttlichen Offenbarung frech in's Angesicht geschlagen werden. Nun könnte man freilich den Herrn Renan fragen: Wenn eine solche Religionsströmung von selbst durch alle gebildete Planeten läuft, wie können Sie denn Ihren Christus als deren Erfinder preisen? ja, quasi vergöttlichen? — Doch wozu die Frage! diesem Urwald von Entstellungen und Widersprüchen, von falschen Auffassungen, falschen Darstellungen und falschen Schlüssen, von schauerlicher innerer Unwahrhaftigkeit und bewußter frecher Schauspielerei gegenüber, tauchen tausend Fragen auf und für diese sämmtlichen Fragen gibt es eine und dieselbe Antwort, und zwar aus Renan's eigenem Munde: er glaubt nicht an die christliche Offenbarung. Damit ist Alles gesagt, Alles beantwortet. Mit dem Glauben ist ihm auch die Vernunft — der Sinn, das Verständniß für hohe und himmlische Dinge — verloren gegangen; denn der alte Hamann, „der Magus des Nordens," ein Protestant, obschon nicht mit **lutherischen** Ansichten, hat sehr richtig gesagt: „Wüßten die Leute, „was das ist, die Vernunft, so würden sie nicht „behaupten, daß dieselbe dem Glauben widerspreche." Im Gegentheil! die hohe Vernunft ist immer auf der Seite des Glaubens und nur der Verstand, der kurzsichtige, beschränkte, dessen Amt es ist, die Dinge der Welt zu prüfen, zu messen, zu wägen, tritt nicht selten dem Glauben entgegen, indem er sich in die Irdischkeit dermaßen vertieft, daß er ihre und seine Unterordnung vergißt und sie und sich selbst zu einer Höhe emporschraubt, wo ihm ein Schwindel den Blick und das Gehirn verwirrt.

In diesem Zustand befindet sich Renan fortwährend. Der unerhörte Wirrwarr seiner Gedanken spricht sich auch in seinem Styl aus, der zwischen geschraubtem Pathos und fader Süßlichkeit schwankt. Nun ist das freilich richtig: der gute Styl besteht darin, daß der Autor über seinen Gegenstand klare Gedanken in den bestimmtesten Ausdrücken und mit den passendsten Worten gebe — und da Renan diese Klarheit der Gedanken nicht hat, so muß auch sein Styl darunter leiden und deshalb darf man an denselben keine hohe Forderungen stellen. Dennoch aber ist seine Ausdrucksweise so unbegreiflich unpassend, daß man fortwährend verletzt wird. Z. B. „Die Parabeln wimmeln von reizenden Unmöglich=„keiten." — „Schöne Irrthümer waren die Grund=„lage seiner Macht." — Das Christenthum ist in Galiläa „ein deliziöses Hirtenspiel voll ätherischer „Träume." — „Die Zärtlichkeit seines Herzens bildet „sich um zu unendlicher Sanftmuth, unbestimmter Poesie, „unwiderstehlichem Zauber." — „Seine vertrauten und „freien Beziehungen zu Frauen von zweideutigem Le=„ben waren höchst moralisch." — „Er hatte eine „deliciöse Theologie der Liebe." — „Die Frauen lieb=„ten ihn mehr als sein Werk." — Johannes der Täufer und der göttliche Heiland sind „zwei junge „Enthusiasten." — „Er war der lieblichste aller Rabbis." — „Er hatte einen prophetischen Instinct — eine „süße, idyllische Natur." „Er that ein Wunder zur „Belustigung eines Hochzeitfestes." — „Er ging gern „zu Hochzeitfesten." — Die Frau des Pilatus hat den „liebenswürdigen Galiläer" gesehen und der Gedanke, daß „das Blut dieses schönen jungen Mannes" ver=gossen werden soll, gibt ihr „Alpdrücken." — Wie oft die Worte: seine Rolle — sein Traum — seine Chimäre vorkommen, ist gar nicht zu zählen und noch weniger das Wort „vielleicht," das in einer Schrift, welche sich für wissenschaftlich ausgibt, den Eindruck macht, als wolle es unter seiner Firma falsche Waare einschmuggeln und in dieser Beziehung das richtigste Wort im ganzen Buch ist. Während die Parabeln immer „allerliebst" oder „entzückend" genannt werden, heißen die Erzählungen der drei ersten Evangelisten stets „Anekdoten." St. Johannes aber ist für Renan höchst unbequem, denn er ist es, der die göttlichen Geheimnisse von der heiligsten Dreifaltigkeit sowohl[1]), als von der Menschwerdung der zweiten Person der Gottheit und der heiligen Eucharistie mit unwiderleglicher Bestimmtheit ausspricht. Darum faßt auch Renan alsbald seinen Entschluß und spricht folgendermaßen von St. Johannes: „Seine Jugend, sein zärtliches Herz, seine „lebhafte Phantasie mußten viel Zauber haben. Erst „später entwickelte sich der Charakter dieses merk„würdigen Mannes, der das junge Christenthum auf „einen so gewaltigen Abweg führte, und in seinem „Alter erst schrieb er mit der fieberhaften Unruhe „einer exaltirten Seele jenes bizarre Evangelium,

---

1) Joh. 16. Joh. 1. Joh. 6.

„worin er seinen Meister dermaßen entstellt, daß der
„Verdacht nahe liegt, eine vollkommene Aufrichtig=
„keit könne nicht immer Regel und Gesetz bei der
„Abfassung dieser wunderlichen Schrift gewesen sein."
Auf diese Weise ist der heilige Herold der Gottheit
Christi mit Leichtigkeit unschädlich gemacht und ein
Paar kleine schwarze Pinselstriche, — sein „Neid
„gegen Petrus" und „sein Haß gegen Judas" —
vollenden das Gemälde, welches eines Renan, der
nichts Anderes kennt als Lug und Trug, vollkommen
würdig ist. Kaum brauche ich zu sagen, daß er von
ganzem Herzen Judas in Schutz nimmt und ihn
ruhig „auf seinem Landgut Hakeldama sterben" läßt
— „wenn ihn nicht etwa seine Feinde ermordeten."

Um den idyllischen Charakter der Galiläer zu
begründen, treten wieder und immer wieder Natur=
schilderungen ein, die in einem historischen Werk nur
ganz sparsam, in großen allgemeinen Umrissen im
Hintergrund gehalten zu werden pflegen, während
sie hier lang und ausführlich, wie in einer Reise=
beschreibung zu finden sind. Aber weder die „blauen
„Amseln," noch die „klaren Quellen," noch die „Haine
„von Oleander" — die an sich ganz richtig sind —
geben dem Buch den Farbenton des Wahren, weil

der Gebrauch, den Renan von dieser Scenerie macht, wieder etwas Schiefes und Schielendes hat. Er sagt z. B. vom göttlichen Erlöser: „Zwischen „den grünen Hügeln und den klaren Bächen des „geliebten Galiläa fand er seinen himmlischen Vater „wieder." — Und: „An den Ufern seines allerlieb= „sten kleinen See's von Genezareth fühlte er sich so „recht behaglich." Dies wäre recht passend für einen schwärmerischen Dichter. Für den Erlöser der Welt klingt es kindisch und ist ein Beleg mehr für die Schwäche des Renan'schen Styls.

Dies ist ein flüchtiger Umriß des **fünften Evangeliums**; so stellt es die Geschichte, die Person, die Lehre des göttlichen Erlösers — so seinen eigenen Ursprung — so den **fünften Evangelisten** dar. Sollte sich irgend Jemand durch das= selbe zum Glaubensabfall vom wahren Evangelium bewegen lassen, so wäre das ein Zeichen, daß dieser Jemand getäuscht werden will und für seine innere Gott= und Glaubensentfremdung den äußern Anstoß sucht, um mit ihr hervorzutreten. In den kläglichen Kreisen der Halbgebildeten, denen die Geschichte der Welt, der Kirche und der Völker nur aus Novellen und aus Schriften, welche im Novellenstyl ge= schrieben sind, bekannt ist, wird das fünfte Evan=

gelium großen Beifall finden, weil es an die Stelle
der göttlichen Autorität — die Willkür des Ichs,
und an die Stelle der sittlichen Freiheit — eine un-
widerstehliche pantheistische Strömung setzt; denn in
diesen beiden Vorstellungen schwelgt der Halbgebildete:
dem ewigen Gott gegenüber ist der Mensch — der
Herr! der die Berechtigung hat, den Ewigen abzu-
setzen, einzusetzen, umzubilden, neu zu schaffen, ganz
ohne Umstände, ganz nach Belieben. Aber den
Leidenschaften gegenüber, den eigenen wie den fremden, da ist der Mensch ein widerstandsloses, ge-
horsames Gebilde der Zeitströmung, die ihren Quell
in einer pantheistischen Ur=Strömung, der Erzeugerin
des Universums, hat. Die kleine Welt der halben
Bildung — zu der gar manche Leute aus der großen
und allergrößten Welt gehören — empfängt wie ein
Mond von der allgemeinen Aufklärungssonne, deren
einer Strahl Renan heißt, ihr Licht und umkreist
sie dafür als dankbar devoter Trabant. Das fünfte
Evangelium ist ihr durchaus homogen. Da heißt
es denn wieder: „Lasset die Todten ihre Todten begraben." — Die wahren Gelehrten, gleichviel zu welchem
religiösen Bekenntniß sie sich halten, werden sich ohne
Zweifel mit tiefer Verachtung von einem wissenschaftlichen Werk abwenden, in welchem von drei

Sätzen zwei auf „Vielleicht" — der dritte auf gar nichts — und nur „blaue Amseln" und „klare Quellen" auf richtigen Prämissen ruhen. — Die wahrhaft Gebildeten sind auch die wahrhaft Gläubigen. Sollten sie das fünfte Evangelium gelesen haben, so werden sie es aus der Hand legen mit tiefer Empörung über die unerhörte Lüge, mit tiefer Andacht zur göttlichen Offenbarung durch Christus, mit tiefem Mitleid für die unglückliche Seele, die sich so weit vom „Licht der Welt" verirrt hat, um die Kleinodien des Glaubens, die ihr das ewige Leben erschließen würden, gegen Kieselsteine einzutauschen, die sie in den Abgrund ziehen. Welche trostlose Beschaffenheit muß die Seele haben, die sich zu den Füßen des göttlichen Erlösers wie eine Schlange, schillernd und gleißend, in tausend Verschlingungen windet, und zu ihm spricht: Herr, du siehst ja, daß ich dir huldige — und zu gleicher Zeit ihn in die Ferse zu stechen versucht.

Die große Masse der Gläubigen aber, das katholische Volk, worauf Renan es ganz besonders abgesehen hat — wird seinen göttlichen Heiland nicht mit dieser Phantasmagorie vertauschen. Ja, es wird ahnungslos bleiben, daß so etwas existirt, daß so etwas ernstlich gemeint sein könne. Seit achtzehn Jahrhunderten steht der gekreuzigte Sohn Gottes aufgerichtet vor den Augen des katholischen Volkes, steht mitten in dessen Leiden und Freuden, in dessen Trübsalen und Tröstungen, sein treuester Gefährte in betrübten Zeiten, wie in guten Tagen; — und um dieser göttlichen Treue des Gekreuzigten willen, der mit dem eigenen Blut die Wunden der Seelen heilt, mit dem eigenen Fleisch den Hunger der Seelen stillt, mit dem eigenen Opfer die Seligkeit der Seelen erkauft — um dieser Wunder der ewigen Liebe willen — ist der Glaube an Ihn das Lebenselement des katholischen Volkes, das kein Renan vergiften kann. Ja, gerade dieser Glaube an das Fundamentalgeheimniß des Christenthums, an die Menschwerdung Gottes, tritt jetzt in unseren Tagen mit einer siegesreichen Freudigkeit hervor. Große Feste werden zu Ehren dieses beseligenden Mysteriums gerade jetzt frohlockend gefeiert. Der heiligen Mutter Gottes von Kevelaer am Niederrhein ist eine neue Wallfahrtskirche erbaut, die der Herr Bischof von Münster feierlich einweihen — und wohin das nordwestliche Deutschland zur Verehrung des gnadenreichen Heiligthums strömen wird — während im Süden, auf einem Felsen am blauen mittelländischen Meer die Schutzpatronin der Stadt Marseille, Notre=Dame=de=la=Garde (Maria Wacht, würden wir sagen) ebenfalls durch eine neue prachtvolle Wallfahrtskirche, die der Herr Bischof von Marseille consecrirt, verherrlicht wird. Eine solche Feier und in einer solchen Zeit ist das schönste, das einfachste, das energischste Glaubensbekenntniß an das Dogma von der Menschwerdung, welches das katholische Volk ablegen könnte. Welch eine Gnade, daß uns ein solcher Protest zu Gebot steht! Welch eine Gnade, daß wir zu den gebenedeiten Stätten, — sei es im Geist, sei es in der Wirklichkeit — pilgern dürfen! Welch' eine Gnade, daß unsere Mutter, die Kirche, fortwährend darauf bedacht ist, den übernatürlichen Glauben in ihren Kindern zu nähren und das Gnadenleben frisch und kräftig anzuregen! Nun wohlan, du katholisches Volk, du glückseliges, so ziehe denn hin zu der allerseligsten Jungfrau und Mutter Maria, die das kleine Kind in ihren Armen hält und vor diesem Kinde, das für dich aus dem Schooß der heiligsten Dreifaltigkeit hervortrat, für dich Mensch wurde, für dich gekreuzigt wurde, für dich auferstand, für dich fortlebt auf deinen Altären, falle auf die Knie, du glückseliges katholisches Volk und bete an und frohlocke:

„Mein Herr und mein Gott!"